Recettes créatives

Antipasti

Dr. Dietrich Voorgang

Chantecler

Titre original : *Antipasti* (Dr Dietrich Voorgang)

This translation of Antipasti first published in 2001 is published with arrangement with Falken Verlag GmbH & Co. KG, Munich, part of Verlagsgruppe Random House GmbH.
Photos : Amos Schliack, Hambourg, Falken Archiv : Peter Udo Pinzer : p. 7, ScholzShootsPeople : p. 8 et 9.

Cette édition par Chantecler, Belgique-France
Traduction française : Monique Schleiss
D-MMIII-0001-34
Imprimé dans l'UE

Introduction

Si l'envie de soleil, d'été, de Méditerranée vous tenaille, pourquoi ne pas vous préparer un bon repas à l'italienne ? Et pour commencer, servez-vous quelques antipasti, ces petites entrées que seule la cuisine italienne présente avec cette si grande variété. Goûtez ces petites merveilles, seul ou avec des amis et rêvez à vos prochaines vacances dans ce merveilleux pays.

Table des matières

Aperçu des recettes

	page	kcal par portion	raffiné	avec ail	économique	rapide	facile	maigre
Fondue aux légumes	12	590		+	+		+	
Salade à l'orange	14	170			+	+	+	+
Poivrons farcis	15	470			+		+	
Oignons farcis	16	460			+		+	
Petites crêpes aux légumes	17	580			+		+	
Terrine de poireaux	18	310			+		+	
Feuilles de sauge gratinées	19	180			+	+	+	+
Artichauts étuvés	20	240	+	+	+			
Cèpes marinés	22	110	+	+			+	+
Salade de haricots blancs	23	150		+	+		+	+
Carottes aigres-douces	24	170		+	+		+	+
Oignons à l'aigre-doux	25	190		+	+		+	+
Courgettes à la sauce tomate	26	380		+	+		+	
Aubergines aux raisins	27	430			+		+	
Champignons farcis	28	510	+	+			+	
Haricots verts	30	210		+	+		+	
Céleri au fromage	31	260			+	+	+	
Carpaccio	32	360	+			+	+	
Viande de bœuf à la sauce verte	34	460	+	+			+	
Melon et jambon	35	100	+			+	+	+
Boulettes de viande aux câpres	36	590			+		+	
Salade de poulet	37	180			+		+	+

	page	kcal par portion	raffiné	avec ail	économique	rapide	facile	maigre
Veau à la sauce au thon	38	940	+				+	
Pâté de foie à la vénitienne	40	340	+				+	
Bresaola à l'œuf	41	550	+			+	+	
Salade de scampi aux légumes	42	680	+				+	
Sardines marinées	44	460			+		+	
Salade de fruits de mer	45	480	+	+				
Boulettes de pommes de terre au thon	46	490			+		+	
Scampi frits à l'ail	47	210	+	+			+	
Calamars farcis	48	310		+	+			
Fruits de mer avec sauce au persil	50	640	+	+				
Truites au vin blanc	51	380		+	+		+	+
Trio de crostini	52	620		+	+		+	
Pain pizza	54	330			+		+	+
Anneaux de pâte cuits	55	420			+		+	
Fromage de brebis à l'huile	56	420		+	+		+	
Pains gratinés à la mozzarella	57	510			+	+	+	
Tomates à la mozzarella	58	220			+	+	+	
Omelette aux courgettes	59	310		+	+	+	+	
Boulettes de riz	60	900			+			
Salade de pain	62	340			+		+	+
Œufs farcis	63	240			+		+	

La diversité culinaire

Laissez-vous emporter dans un monde de parfums, de couleurs et d'arômes. Les antipasti, ces petites entrées délicieuses, ne ravissent pas seulement le palais et les yeux, mais reflètent très bien toute la variété de la cuisine italienne.

La richesse de l'Italie

En flânant sur un marché italien, on découvre tout un monde culinaire. C'est l'endroit idéal pour apprécier, d'un regard, toute la variété de la cuisine italienne : les légumes croquants, les poivrons rouges et jaunes lumineux, les aubergines aux couleurs chaudes, les cageots de courgettes, les artichauts, le fenouil vert tendre, les nombreuses variétés de haricots, les asperges vertes, les tomates mûries au soleil, les cèpes tentants ou encore les herbes fraîches et odorantes présentées par bottes entières.

Sur les échoppes de fruits, les pêches luisent délicatement à côté des fraises, les pommes et les poires s'étalent à côté des raisins. L'arôme puissant des oranges et des citrons voisine avec les différentes sortes de melons qui se disputent la faveur des acheteurs.

Juste à côté, le boucher a placé son étal et vante la qualité et la fraîcheur de sa viande. Présentés de manière très appétissante, on trouve côte à côte du bœuf, du veau, des tripes, des lapins et de l'agneau, sans oublier un cochon de lait ou des volailles nombreuses et dodues.

La camionnette du marchand de saucisson et de fromage se voit de loin. Des grands jambons pendent à l'avant et dans l'étalage on peut remarquer une mortadelle géante et différentes sortes de salami à côté des fromages frais tels que le mascarpone et la ricotta ainsi que de gros blocs de parmesan et de pecorino.

Des effluves épicés proviennent d'à côté. Empilés dans de grands bocaux, des épices de toutes sortes attirent le client. Les haricots séchés attendent dans de grands sacs. À l'arrière de l'échoppe sont suspendues des tresses de peperoncini, ces petits piments séchés terriblement forts. Devant ceux-ci, de grands fûts contiennent des olives vertes et noires.

Un peu plus loin, le poissonnier offre ses marchandises, des grandes spigola ou orata, des sardines et des anchois, ainsi qu'une multitude de petits poissons, des moules, des calamars et autres fruits de mer.

Dans l'échoppe suivante, la marchande souriante propose son pain frais et ses grissini, ainsi que des pâtes fraîches dans une infinité de formes, des expresso, des biscuits et de succulentes tartes à la confiture.

Le marchand de vin se trouve généralement en bord de marché. On y découvre un large choix de vins de table bon marché et toutes sortes de jus de fruits et d'eau minérale. Si vous cherchez quelque chose de plus raffiné, vous le trouverez certainement à l'enoteca, le marchand de vin de la rue d'à côté.

Au-dessus de la porte d'entrée, vous découvrirez peut-être une inscription à moitié effacée par le temps : Vini e oli – vin et huile. Une combinaison peu habituelle. Le vin et l'huile d'olive sont les deux éléments principaux de la richesse culinaire italienne. Exceptés la France et l'Espagne, il n'existe quasi aucun autre pays qui produise une telle variété de vins : des rouges corsés, des rosés séduisants, des blancs légers, des prosecco pétillants, des bon marché et des chers, tout ce qui fait le bonheur du gourmet.
La grappa est un digestif incomparable et ce schnaps de la région de Trieste se décline aussi sous une multitude de variétés et de nuances. Sans parler de l'huile d'olive : tirant sur le vert, dorée ou quasiment blanche, avec un goût fruité intense ou doux.
Devant cette abondance, le repas se transforme en véritable bonheur. L'antipasti, cette petite collation, permet de partir à la découverte de cette richesse, de goûter ces merveilles et d'ouvrir l'appétit pour le repas proprement dit.
Pas étonnant donc que l'Italie ait développé une véritable « culture de l'entrée ». On retrouve quasiment la même chose en Espagne avec les tapas ou en Turquie avec les mezzés, où un grand repas se doit d'être précédé d'une quantité infinie de petites entrées variées et alléchantes.

Pour tous les goûts

Des ingrédients frais, des préparations simples et un emploi modéré d'épices caractérisent la cuisine italienne. Les plats compliqués, les sauces montées au beurre et les ingrédients extravagants ne font pas partie de la cuisine traditionnelle. Au lieu de cela, on emploie beaucoup d'huile d'olive, bénéfique pour la santé, des légumes frais, du poisson et peu de viande. La qualité des produits est la condition absolue pour la réalisation d'antipasti délicieux.
La plupart des plats sont faciles à imiter, rapides à préparer et, de plus, bon marché. Et, parmi ce choix énorme, vous trouverez certainement votre plat préféré.
En Italie, les **légumes** ont le rôle principal pour les antipasti, c'est pourquoi la qualité est déterminante. Ce n'est qu'à cette condition qu'ils peuvent jouer le rôle de solistes.

- Ce ne sont souvent que quelques tranches d'aubergines et de courgettes, cuites et assaisonnées de sel et d'épices et saupoudrées d'un peu de parmesan.

- Des légumes conservés à l'aigre-doux, quelques rondelles d'oignon ou de poivron se retrouvent souvent sur les assiettes d'antipasti.

- Ces feuilles d'épinards brièvement cuites dans de l'eau salée, arrosées de quelques gouttes de jus de citron et d'huile d'olive sont un délice.
- Et même les tomates, quand elles ont mûri au soleil d'Italie, sont tellement parfumées qu'elles peuvent à elles seules se transformer en une entrée délicieuse.

La viande est en général moins utilisée comme entrée. Par contre, le **salami** et la **mortadelle** ainsi que les nombreux **jambons de Parme** (Prosciutto di Parma) sont largement répandus.

- L'assiette garnie classique d'antipasti, l'antipasto misto, comprend un peu de porc, quelques tranches de salami, quelques olives et généralement des légumes conservés à l'aigre-doux ou une part d'omelette (frittata).
- Les boulettes de viande sont aussi souvent servies, soit « en solo », soit avec un choix de sauces, chaudes ou froides.
- Les entrées proprement dites, qui sont rarement combinées avec les autres antipasti, sont le bresaola, des tranches ultra-fines de viande de bœuf séchées à l'air et, bien sûr, le célèbre carpaccio.

Les **poissons** et les **fruits de mer** sont très appréciés. Bien que les lieux de pêche de la Méditerranée ne soient plus aussi riches qu'autrefois, chaque tour de marché passe par le poissonnier.

- Il existe de nombreuses façons de préparer les salades de fruits de mer, les morceaux de poisson enrobés de pâte à frire avec une sauce ou, particulièrement appréciés, les petits poissons entiers en conserve.

Le **pain**, les **œufs** et le **fromage** accompagnent nécessairement les antipasti.
Le fromage italien le plus célèbre est, bien sûr, le parmesan, et plus précisément le Parmigiano Reggiano, que l'on trouve désormais sur nombre de marchés en dehors de l'Italie.

- Les frittate, ces omelettes à la farce délicieuse et variée, comme par exemple des courgettes, se trouvent sur tous les buffets d'entrées italiens. Ils sont servis chauds ou froids.
- La mozzarella au lait de bufflonne est servie avec du jambon et des tomates, et agrémentée d'un peu de basilic frais, de

parmesan corsé ou de pecorino épicé. Elle a l'avantage d'ouvrir l'appétit.
- Les crostini ou les bruschetti sont servis de préférence pour débuter. Ces petites tranches de pain grillées sont garnies de toutes sortes de bonnes choses et sont idéales avec l'apéritif.

Soirée italienne

Les antipasti conviennent particulièrement bien pour une soirée buffet italienne.
Il faut au moins préparer 4 antipasti différents.

- Si vous ne disposez que de peu de temps, préparez uniquement quelques antipasti et complétez le buffet avec différentes sortes de saucissons, jambons et fromages, tomates fraîches, côtes de céleri crues et morceaux de poivron.
- N'oubliez pas le pain italien, quelques grissini et, bien sûr, du vin italien. Sans compter les eaux minérales qui sont servies à chaque repas en Italie.
- Si vous désirez réaliser un buffet plus copieux, commencez par présenter un prosecco bien frais avec des crostini.
- Pour un buffet qui ne sera pas suivi d'autres plats, comptez trois portions d'antipasti par personne. Les quantités présentées dans ce livre sont généralement calculées pour 4 personnes. Pour 8 invités, il suffit de prévoir 6 portions différentes pour 4 personnes. Vous pouvez bien sûr préparer plus ou moins de certains antipasti et augmenter ou réduire les quantités.

- Les antipasti sont faciles à préparer, car ils sont généralement servis froids. Les légumes marinés peuvent être préparés plusieurs jours à l'avance, ils sont même particulièrement savoureux quand ils ont trempé plusieurs jours. Les légumes cuits se conservent un jour au réfrigérateur. Il faut les sortir assez tôt pour que leur arôme puisse se développer. Cuisez la viande la veille et préparez la sauce le jour même. La frittata peut aussi se cuire la veille ; consommée froide, elle est délicieuse.
- Certains plats peuvent se préparer en partie la veille. La sauce au persil pour les fruits de mer et la pâte peuvent être préparées à l'avance, de sorte que vous n'avez plus qu'à passer les fruits de mer dans la friture. Pourquoi ne pas préparer les boulettes de viande avec leur sauce la veille, ainsi il ne faudra plus que les réchauffer au micro-ondes.
- Un buffet à base d'antipasti est idéal pour que les invités fassent connaissance, car la diversité culinaire présentée leur rappellera certainement des souvenirs de vacances, ce qui est un bon début de conversation.

Un dernier conseil : certaines sauces et salades s'harmonisent parfaitement avec de la viande grillée. Pourquoi ne pas donner à votre prochain barbecue estival une petite touche italienne ?

Aide pour les recettes

- ⊕ raffiné → s'applique à la recette
- ⊖ avec ail → ne s'applique pas à la recette
- ⊖ économique
- ⊖ rapide
- ⊖ facile
- ⊖ maigre

Table d'équivalence

1 l = 1 000 ml
1 tasse = 150 ml
1 verre à eau = 200 ml
1 cuiller à soupe = 15 ml
1 cuiller à café = 5 ml

Abréviations

c.s. = cuiller à soupe (rase)
c.c. = cuiller à café (rase)
p.d.c. = pointe de couteau
p. = paquet
l = litre(s)
cl = centilitre(s)
ml = millilitre(s)
kcal = kilocalorie(s)
env. = environ
mn = minute(s)
h = heure(s)
Ø = diamètre
°C = degrés Celsius
cm = centimètre(s)

Fondue aux légumes

Bagna cauda

- ⊖ raffiné
- ⊕ avec ail
- ⊕ économique
- ⊖ rapide
- ⊕ facile
- ⊖ maigre

Ingrédients

2 poivrons rouges · 1 botte d'oignons de printemps · 4 carottes

4 branches de céleri vert

1 bulbe de fenouil · 1 endive · 2 petites courgettes

6 filets d'anchois · 6 gousses d'ail

100 g de beurre · 125 ml d'huile d'olive

Pour 4 personnes
Préparation : env. 45 mn
Env. 590 kcal par portion

1 Lavez et épépinez les poivrons. Coupez-les en huit morceaux. Lavez les oignons de printemps. Lavez les carottes, pelez-les et coupez-les en quatre dans le sens de la longueur.

2 Lavez et retirez les fils des branches de céleri. Divisez-les en deux dans le sens de la longueur. Divisez les côtes les plus grosses en quatre morceaux.

3 Lavez et coupez le fenouil en tranches. Lavez l'endive et séparez les feuilles. Lavez les courgettes et coupez-les en quatre.

4 Rincez les filets d'anchois, séchez-les et hachez-les finement. Pelez l'ail.

5 Faites fondre le beurre dans un caquelon à fondue jusqu'à ce qu'il mousse, ajoutez l'ail pressé et laissez-le suer un peu. Ajoutez les anchois hachés et cuisez le tout pendant un petit moment. Ajoutez l'huile d'olive et laissez bouillonner la sauce pendant 5 minutes.

6 Dressez les légumes de manière décorative sur un plat. Tenez la sauce au chaud sur un réchaud. Mangez en plongeant les légumes dans la sauce chaude.

Variantes

Tout légume qui se mange cru convient à la bagna cauda : n'hésitez pas à tremper dans la sauce chaude des artichauts nettoyés et frottés avec du jus de citron, des asperges vertes, du raifort, des épinards frais, des topinambours ou de la radicchio (petite salade rouge).
Si la sauce vous paraît trop calorique et trop épicée, vous pouvez l'allonger avec 100 ml de vin rouge, ce qui la rendra un peu plus légère et plus douce.
Si la sauce tire à sa fin et que la faim n'est pas encore assouvie, ajoutez un œuf frais battu et laissez-le figer légèrement. Trempez ensuite un bout de pain blanc frais dedans, ce sera le couronnement du repas.

Salade à l'orange

Insalata di arance

- ⊖ raffiné
- ⊖ avec ail
- ⊕ économique
- ⊕ rapide
- ⊕ facile
- ⊕ maigre

Ingrédients

4 oranges · 1 oignon rouge

1 c.s. de vinaigre de vin blanc · sel · poivre noir du moulin · 3 c.s. d'huile d'olive

Pour 4 personnes
Préparation : env. 15 mn
Env. 170 kcal par portion

1 Pelez les oranges, retirez la peau blanche amère et coupez-les en tranches très fines. Récupérez le jus. Retirez les pépins. Pelez l'oignon et coupez-le en fines rondelles.

2 Placez les tranches d'oranges sur un plat, répartissez les anneaux d'oignon par-dessus. Mélangez le vinaigre de vin blanc avec le jus, salez et poivrez, mélangez à l'huile d'olive et versez goutte à goutte sur les oranges.

Variantes

Le goût du fenouil s'adapte particulièrement bien aux oranges : coupez le bulbe de fenouil en tranches très fines, sans utiliser les feuilles extérieures plus dures, et répartissez-les sur les oranges. Les olives noires s'harmonisent aussi très bien avec cette préparation. Si vous n'aimez pas les oignons crus, pelez un demi-concombre, nettoyez 6 radis et coupez le tout en très fines tranches. Dressez les oranges dessus et arrosez avec la sauce de salade et le vinaigre de vin blanc.

Conseil

Vous pouvez servir cette salade, comme c'est l'habitude en Sicile, en accompagnement d'un plat de viande.

Ingrédients

3 tranches de pain blanc rassis · sel · 4 poivrons jaunes

1 boîte de thon à l'huile (env. 150 g égoutté) · 30 g d'olives noires · 2 filets d'anchois · $^{1}/_{2}$ botte de persil

poivre noir du moulin · 8 c.s. d'huile d'olive

3 c.s. de parmesan fraîchement râpé

Pour 4 personnes
Préparation : env. 35 mn
Cuisson : env. 40 mn
Env. 470 kcal par portion

Poivrons farcis

Peperoni ripieni

1 Laissez tremper le pain blanc dans un peu d'eau salée. Coupez les poivrons en deux dans le sens de la longueur. Retirez les pépins et les cloisons centrales. Lavez les poivrons et laissez-les bien égoutter.

2 Laissez égoutter le thon et émiettez-le à la fourchette dans une assiette. Retirez les noyaux des olives et hachez-les finement. Rincez les filets d'anchois, séchez-les et coupez-les en dés très fins. Lavez et séchez le persil, retirez les feuilles des tiges et hachez-les finement.

3 Préchauffez le four sur 170 °C (th. 5-6). Pressez bien le pain blanc et mélangez-le aux olives, aux anchois, au persil et au thon. Salez, poivrez et incorporez 2 cuillers à soupe d'huile d'olive.

4 Remplissez les poivrons de cette garniture et saupoudrez-les de parmesan râpé. Graissez un moule allant au four avec un peu d'huile. Placez les poivrons dedans et arrosez les bords du reste d'huile d'olive.

5 Faites cuire les poivrons sur la grille du milieu pendant 40 minutes. Les poivrons farcis se mangent froids ou chauds.

raffiné ⊖
avec ail ⊖
économique ⊕
rapide ⊖
facile ⊕
maigre ⊖

Ingrédients

8 oignons · sel
$^1/_4$ de botte de persil
80 g de beurre · 150 g de viande hachée · sel · poivre noir du moulin · 2 c.s. de grappa
1 œuf frais · 4 c.s. de parmesan fraîchement râpé · 8 Amarettini (biscuits aux amandes)
3 c.s. de chapelure

Pour 4 personnes
Préparation : env. 1 h
Cuisson : env. 20 mn
Env. 460 kcal par portion

Oignons farcis

Cipolle ripiene

- raffiné
- avec ail
- économique
- rapide
- facile
- maigre

1 Pelez les oignons et faites-les précuire pendant 10 minutes dans une grosse quantité d'eau salée. Sortez-les et laissez-les refroidir. Coupez le tiers supérieur et évidez soigneusement l'oignon.

2 Hachez finement $^1/_3$ de l'intérieur de l'oignon. Lavez le persil, séchez-le, retirez les petites feuilles des tiges et hachez-les finement.

3 Chauffez 20 g de beurre dans une poêle et faites cuire le hachis. Ajoutez les oignons hachés et cuisez le tout. Salez et poivrez légèrement la viande, ajoutez la grappa et laissez évaporer le tout.

4 Mélangez la farce de viande refroidie avec l'œuf frais et le parmesan. Placez les Amarettini dans un sac plastique et écrasez-les avec un rouleau à pâtisserie, ajoutez-les à la farce. Ajoutez le persil et assaisonnez encore une fois avec du sel et du poivre.

5 Préchauffez-le four sur 175 °C (th. 5-6). Graissez un moule avec 20 g de beurre. Remplissez les oignons de la farce, placez-les dans le moule et saupoudrez de chapelure.

6 Ajoutez le reste du beurre en copeaux sur les oignons et gratinez le tout pendant 20 minutes sur la grille moyenne.

Petites crêpes aux légumes

Fritelle di verdure

Ingrédients

125 g d'épinards en branches

4 œufs frais · 125 g de farine · 125 g de parmesan fraîchement râpé · 9 c.s. d'huile d'olive · sel · poivre noir du moulin

Pour 4 personnes
Préparation : env. 45 mn
Env. 580 kcal par portion

raffiné ⊖
avec ail ⊖
économique ⊕
rapide ⊖
facile ⊕
maigre ⊖

1 Lavez soigneusement les épinards, mettez-les encore mouillés dans une casserole et faites-les réduire à feu moyen. Rafraîchissez-les, essorez-les et hachez-les finement.

2 Délayez les œufs, mélangez-y la farine, le parmesan et les épinards. Incorporez 1 cuiller à soupe d'huile d'olive et assaisonnez la farce avec du sel et du poivre.

3 Faites chauffer le reste d'huile dans une poêle. Versez la farce, cuiller par cuiller, dans l'huile chaude et aplatissez-la légèrement. Laissez cuire les crêpes pendant 5 minutes pour qu'elles soient dorées, en les tournant une fois. Laissez égoutter les crêpes sur du papier essuie-tout et servez chaud.

Conseil

La pâte devrait être assez collante, mais se détacher encore facilement de la cuiller. Si elle est trop liquide, ajoutez un peu de farine ; si elle est trop épaisse, ajoutez un peu d'eau.

Variantes

Pour changer, vous pouvez ajouter à la pâte une petite carotte finement râpée.
Au lieu de parmesan, vous pouvez employer du pecorino.

Ingrédients

1 kg de poireaux · sel
50 g de parmesan frais râpé · 75 g de beurre · poivre noir du moulin
3 œufs frais
beurre pour le moule

Pour 4 personnes
Préparation : env. 30 mn
Cuisson : env. 30 mn
Env. 310 kcal par portion

Terrine de poireaux

Flan di porri

- ⊖ raffiné
- ⊖ avec ail
- ⊕ économique
- ⊖ rapide
- ⊕ facile
- ⊖ maigre

1 Lavez les poireaux. Coupez la partie blanche en anneaux, plongez-les dans l'eau bouillonnante salée pendant 15 minutes, déversez l'eau et pressez-les bien.

2 Mélangez soigneusement les poireaux refroidis dans un plat avec le parmesan et le beurre. Poivrez généreusement.

3 Préchauffez le four à 160 °C (th. 5-6). Séparez les jaunes d'œufs des blancs, mélangez le jaune avec les poireaux. Battez les blancs en neige avec le sel et ajoutez soigneusement le tout à la masse de poireaux.

4 Beurrez un moule à gratin, remplissez-le avec la préparation aux poireaux et cuisez pendant 30 minutes sur la grille au milieu du four. Servez cette terrine chaude.

Suggestions
Pour donner un aspect plus raffiné à cette préparation, vous pouvez ajouter des lamelles de saumon fumé à la préparation avant la cuisson. Pour la rendre plus copieuse, saupoudrez cette terrine, avant cuisson, de fromage râpé.

Ingrédients

20 grandes feuilles de sauge ·
1 œuf frais · 30 g de farine
2 c.s. de vin blanc · sel
150 ml d'huile

Pour 4 personnes
Préparation : env. 20 mn
Env. 180 kcal par portion

Feuilles de sauge gratinées

Salvia fritta

1 Lavez les feuilles de sauge et séchez-les soigneusement. Mélangez l'œuf avec la farine, le vin blanc et 1 pincée de sel. La pâte devrait avoir une consistance assez liquide. Si elle est trop épaisse, ajoutez un peu de vin ; si elle est trop liquide, incorporez un peu de farine.

2 Chauffez l'huile à 180 °C. Passez les feuilles de sauge une à une dans la pâte et faites-les dorer dans l'huile chaude pendant environ 2 minutes.

3 Retirez les feuilles de sauge cuites dans l'huile à l'aide d'une écumoire et laissez-les égoutter sur une feuille de papier essuie-tout ; servez chaud.

raffiné ⊖
avec ail ⊖
économique ⊕
rapide ⊕
facile ⊕
maigre ⊕

Conseil
Il est facile de voir si l'huile a atteint la bonne température : laissez tomber une bonne goutte de pâte dans la friture. Si elle commence à « danser », cela veut dire que l'huile est assez chaude.

Artichauts étuvés

Carciofi alla romana

- + raffiné
- + avec ail
- + économique
- − rapide
- − facile
- − maigre

Ingrédients

4 grands artichauts
jus de 1/2 citron
1/2 botte de persil · 6 petites feuilles de menthe · 2 gousses d'ail
sel · poivre noir du moulin
8 c.s. d'huile d'olive

Pour 4 personnes
Préparation : env. 1 h 30
Env. 240 kcal par portion

1 Nettoyez les artichauts. Pour cela, pliez d'abord les feuilles extérieures vers le bas et sectionnez-les juste au-dessus du fond. Continuez ainsi avec les feuilles suivantes, jusqu'à ce qu'un cône se forme avec les feuilles à pointes vertes et qu'une base plus claire d'environ 4 cm se forme.

2 Découpez environ 3 cm de ce cône. Coupez les pointes des petites feuilles intérieures, puis, avec un couteau à bout arrondi, retirez le foin.

3 À l'aide d'un couteau pointu, découpez toutes les parties dures, autour de la tige, du côté extérieur. Pelez la tige de haut en bas, de manière assez épaisse, mais sans découper. Toutes les parties fibreuses dures doivent être retirées. Frottez toutes les surfaces de coupe et l'intérieur de l'artichaut avec du jus de citron.

4 Lavez et séchez les feuilles de menthe et le persil. Détachez les feuilles de persil de la tige et hachez-les finement avec les feuilles de menthe. Pelez l'ail.

5 Pressez l'ail et ajoutez-le aux herbes hachées. Mélangez le tout soigneusement et assaisonnez avec du sel et du poivre. Introduisez le mélange entre la naissance des feuilles, dans le centre et sur les côtés extérieurs des artichauts.

6 Placez les artichauts avec les tiges vers le haut dans une marmite fermée, ajoutez l'huile d'olive et autant d'eau que nécessaire pour que les feuilles des artichauts soient couvertes à 1/3 de la hauteur. Laissez-les mijoter pendant 40 minutes. Les artichauts sont prêts quand on passe facilement les dents de la fourchette dans la tige.

7 Sortez ensuite les artichauts et laissez-les refroidir. Faites réduire le jus de cuisson à feu vif jusqu'à ce que l'eau soit complètement évaporée. Dressez les légumes encore tièdes et arrosez de la sauce réduite.

Variante

Pour les « artichauts à la mode juive », retirez les feuilles extérieures et les feuilles dures de 8 petits artichauts. Coupez tout droit les pointes des feuilles restantes et grattez éventuellement le foin restant. Placez les artichauts dans du jus de citron jusqu'au moment de les cuire, séchez-les ensuite, défaites les feuilles, salez et poivrez et laissez cuire pendant 20 minutes à feu moyen dans 1/2 l d'huile d'olive, en tournant une fois. Ils ne doivent pas trop foncer. Laissez égoutter sur une feuille de papier essuie-tout et servez chaud.

Cèpes marinés

Funghi porcini trifolati

- raffiné
- avec ail
- économique
- rapide
- facile
- maigre

Ingrédients

500 g de cèpes frais

3 c.s. d'huile d'olive · 2 gousses d'ail · sel · poivre noir du moulin

1 botte de persil · jus de 1/2 citron

1 c.s. de vinaigre balsamique

Pour 4 personnes
Préparation : env. 30 mn
Marinage : env. 2 h
Env. 110 kcal par portion

1 Frottez les cèpes avec une feuille de papier essuie-tout humidifié, ne les passez pas sous l'eau. Coupez-les ensuite en tranches pas trop fines.

2 Chauffez l'huile dans une grande poêle. Pelez l'ail et pressez-le. Faites-le revenir dans l'huile, il doit rester clair. Ajoutez les champignons et faites cuire le tout à feu vif jusqu'à ce que tout le liquide soit évaporé.

3 Salez et poivrez les champignons, retirez-les du feu, versez-les dans un plat et laissez refroidir. Lavez le persil, séchez-le, retirez les feuilles des tiges, hachez-les finement et mélangez-les aux champignons.

4 Arrosez les champignons avec le jus de citron et le vinaigre, mélangez-les et placez-les 2 heures au frais. Au moment de servir, salez et poivrez une dernière fois les champignons.

Conseil
Si vous n'arrivez pas à trouver de petits cèpes, vous pouvez également employer des pleurotes ou des champignons de Paris. Des cèpes séchés ou en conserve ne conviennent pas. Retirez le pied coriace des pleurotes.

Ingrédients

2 boîtes de haricots blancs (280 g égouttés) · 2 gousses d'ail · 1 oignon

4 c.s. de vinaigre de vin rouge · sel · poivre noir du moulin · sucre · 1 c.c. d'aiguilles de romarin · 4 c.s. d'huile d'olive

2 tomates en grappe · 1/2 botte de persil

Pour 4 personnes
Préparation : env. 15 mn
Marinage : env. 24 h
Env. 150 kcal par portion

Salade de haricots blancs

Insalata di cannellini

1 Versez les haricots dans une passoire et rincez-les brièvement à l'eau froide. Pelez l'oignon et l'ail, hachez très finement l'ail et émincez l'oignon.

2 Mélangez les dés de haricots avec les dés d'oignon. Mélangez le vinaigre de vin rouge avec un peu de sel, de poivre, de sucre et de romarin haché, ajoutez ensuite l'huile à la marinade en battant et ajoutez l'ail.

3 Mélangez les haricots à la marinade et laissez imbiber pendant 24 h dans le réfrigérateur.

4 Ressortez les haricots du réfrigérateur environ 1 heure avant de servir. Lavez les tomates, épépinez-les et coupez-les en 8 morceaux. Lavez le persil, séchez-le, retirez les feuilles de la tige et hachez-les. Dressez les haricots sur un plat et garnissez avec des tomates et du persil.

raffiné ⊖
avec ail ⊕
économique ⊕
rapide ⊖
facile ⊕
maigre ⊕

Conseil

Les haricots secs conviennent aussi très bien : faites tremper 250 g d'haricots secs pendant toute une nuit dans l'eau froide. Le jour suivant, cuisez les haricots dans l'eau froide, pendant 1 heure à feu réduit ; ne salez qu'à la fin. Les haricots que l'on cuit soi-même éclatent plus rapidement et sont plus farineux, c'est pourquoi les haricots en conserve sont plus qu'un choix de rapidité.

Ingrédients

600 g de jeunes carottes · 20 petites feuilles de menthe · 1 botte de persil · 2 gousses d'ail

1 brin de romarin · 2 feuilles de laurier · 250 ml de vin blanc · 100 ml de vinaigre de vin blanc · 1,5 c.s. de sucre · sel · poivre noir du moulin

3 c.s. d'huile d'olive

Pour 4 personnes
Préparation : env. 40 mn
Marinage : env. 24 h
Env. 170 kcal par portion

Carottes aigres-douces

Carote in agrodolce

- raffiné
+ avec ail
+ économique
- rapide
+ facile
+ maigre

1 Lavez, pelez et coupez les carottes en 4 morceaux dans le sens de la longueur et coupez-les en deux en biais. Lavez la moitié de la menthe et séchez-la. Lavez le persil, séchez-le et détachez les feuilles des tiges. Pelez l'ail.

2 Amenez les herbes lavées, le romarin, le laurier à ébullition avec le vin blanc, le vinaigre de vin blanc et 250 ml d'eau. Placez les carottes dans le jus de cuisson, pressez l'ail dedans, assaisonnez avec du sucre, du sel et du poivre, et laissez mijoter le tout pendant 20 minutes.

3 Retirez les carottes du feu, laissez-les refroidir dans le jus, versez-les dans un plat en porcelaine ou en verre et laissez imprégner pendant 24 h au réfrigérateur, en couvrant.

4 Retirez les carottes de la marinade, laissez-les égoutter et mélangez-les à l'huile d'olive. Lavez le reste de la menthe et séchez-la. Dressez les carottes sur un plat et garnissez-les avec les petites feuilles de menthe.

Variante

Pour sucrer, vous pouvez remplacer le jus par du miel. Des courgettes coupées en petits morceaux ou des petits oignons peuvent être également préparés de la même manière. Les pignons de pin grillés se marient très bien aux carottes.

Oignons à l'aigre-doux

Cipolline in agrodolce

Ingrédients

500 g d'oignons doux (par ex. des échalotes) · 4 c.s. d'huile d'olive

150 ml de vin rouge · 50 ml de vinaigre balsamique ou de vinaigre de vin rouge · 3 gousses d'ail · 1 feuille de laurier

2 c.s. de miel · sel

Pour 4 personnes
Préparation : env. 1 h
Env. 190 kcal par portion

raffiné ⊖
avec ail ⊕
économique ⊕
rapide ⊖
facile ⊕
maigre ⊕

1 Pelez les oignons. Chauffez l'huile dans une casserole et laissez-y cuire les oignons.

2 Diluez avec le vin et le vinaigre. Pelez l'ail et ajoutez-le avec la feuille de laurier aux oignons. Laissez bouillonner les oignons pendant 20 minutes, à feu doux, en mélangeant de temps en temps. Le liquide doit avoir presque complètement disparu.

3 Ajoutez le miel et assaisonnez les oignons avec un peu de sel. Servez le plat tiède ou froid.

Variantes

Vous pouvez également assaisonner les oignons avec de la sauge et de la marjolaine. Si vous préférez un goût plus épicé, préparez les oignons de la façon suivante : faites suer 50 g de lard coupé en petits dés dans 2 c.s. d'huile d'olive, cuisez ensuite les oignons pelés et les 3 gousses d'ail dedans, ajoutez 3 c.s. de sucre, un peu de sel et de poivre du moulin ainsi que 100 ml de vinaigre de vin blanc.
Ajoutez suffisamment d'eau pour que les oignons soient juste couverts. Laissez cuire les oignons pendant 30 minutes dans une casserole sans couvercle, jusqu'à ce que tout le liquide soit évaporé.

Ingrédients

800 g de petites courgettes · sel
3 gousses d'ail · 350 ml de jus de tomate · poivre noir du moulin · 200 ml d'huile d'olive
1 botte de basilic

Pour 4 personnes
Préparation : env. 45 mn
Marinage : env. 12 h
Env. 380 kcal par portion

Courgettes à la sauce tomate

Zucchine in salsa cruda di pomodoro

- raffiné
- avec ail
- économique
- rapide
- facile
- maigre

1 Lavez et coupez les courgettes en fines tranches. Déposez ensuite les tranches sur du papier essuie-tout, salez-les et laissez-les dégorger pendant environ 15 minutes.

2 Pelez l'ail. Assaisonnez généreusement le jus de tomate avec du sel et du poivre. Pressez l'ail dedans et délayez le jus de tomate avec 100 ml d'huile d'olive.

3 Séchez les tranches de courgettes et faites-les cuire jusqu'à ce qu'elles soient dorées dans le reste d'huile d'olive, sur les deux faces. Ne chauffez pas trop l'huile d'olive, pour que les courgettes ne brûlent pas. Retirez les tranches de courgettes de la poêle et laissez-les sécher sur du papier essuie-tout.

4 Lavez le basilic, séchez-le et retirez les petites feuilles des tiges. Placez les tranches de courgettes et les feuilles de basilic dans un moule en verre ou un plat, versez la sauce tomate dessus et laissez imbiber pendant 12 h.

Conseil

Dressez les tranches de courgettes sur un plat et couvrez-les de sauce tomate. Cette sauce convient très bien à des spaghettis fraîchement cuits.

Aubergines aux raisins

Melanzane con uva passa

Ingrédients

500 g d'aubergines · sel

50 g de raisins de Corinthe · 2 oignons rouges · 250 g de tomates en grappe · 50 g d'olives vertes (dénoyautées) · 2 c.s. de pignons de pin · 1 botte de basilic

10 c.s. d'huile d'olive

125 ml de vinaigre balsamique blanc · 1 c.s. de sucre · 1 c.s. de câpres · poivre noir du moulin

raffiné ⊖
avec ail ⊖
économique ⊕
rapide ⊖
facile ⊕
maigre ⊖

Pour 4 personnes
Préparation : env. 45 mn
Dégorgeage des aubergines : env. 2 h
Env. 430 kcal par portion

1 Lavez les aubergines, retirez les tiges, coupez-les en dés et posez-les dans un plat. Salez fortement et laissez dégorger pendant 2 heures.

2 Faites tremper les raisins pendant 15 minutes dans de l'eau tiède. Pelez les oignons et coupez-les en rondelles. Lavez les tomates, retirez l'extrémité de la tige, enlevez les pépins et coupez en petits dés. Coupez les olives en petits morceaux. Faites dorer les pignons de pin dans une poêle sans graisse. Lavez le basilic, séchez-le, retirez les feuilles des tiges et hachez-les finement.

3 Faites chauffer 8 cuillers à soupe d'huile d'olive dans une grande poêle. Séchez les dés d'aubergines, faites-les cuire dans l'huile d'olive en les tournant plusieurs fois pendant 15 minutes, retirez-les de la poêle et laissez-les égoutter sur le papier essuie-tout.

4 Chauffez le reste de l'huile, faites cuire les anneaux d'oignon dedans, ajoutez les tomates et la moitié du basilic, puis laissez bouillonner la sauce pendant 10 minutes.

5 Ajoutez le vinaigre, le sucre, les pignons de pin, les câpres et les raisins égouttés aux tomates. Assaisonnez la sauce avec un peu de poivre et, d'après les goûts, un peu de sel.

6 Ajoutez les aubergines et les olives dans la sauce et laissez-les mijoter doucement pendant 5 minutes. Laissez légèrement refroidir avant de servir et saupoudrez du reste de basilic.

Champignons farcis

Cappelle di funghi ripiene al forno

- ⊕ raffiné
- ⊕ avec ail
- ⊖ économique
- ⊖ rapide
- ⊕ facile
- ⊖ maigre

Ingrédients
20 g de cèpes séchés
2 tranches de pain de mie · 4 c.s. de lait · 500 g de gros champignons de Paris
100 g de pancetta ou lard gras · 4 filets d'anchois
5 petites feuilles de basilic · 1/2 botte de persil · 1 gousse d'ail
1 œuf frais · sel · 1/2 c.c. de marjolaine séchée · poivre noir du moulin
6 c.s. d'huile d'olive · 3 c.s. de chapelure

Pour 4 personnes
Préparation : env. 30 mn
Cuisson : env. 30 mn
Env. 510 kcal par portion

1 Laissez tremper les cèpes pendant 20 minutes dans 250 ml d'eau tiède. Sortez ensuite les champignons, lavez-les soigneusement et hachez-les finement.

2 Versez doucement le liquide de trempage dans une casserole, pour que des restes éventuels ne passent pas. Ajoutez les cèpes hachés et faites-les cuire jusqu'à ce que tout le liquide soit évaporé. Laissez refroidir les cèpes.

3 Coupez le pain de mie en petits morceaux et arrosez-le de lait. Frottez les champignons avec un morceau de tissu, retirez doucement les pieds en tournant, pour ne pas endommager le chapeau.

4 Préchauffez le four à 200 °C (th. 6-7). Hachez finement la moitié des pieds de champignons. Coupez très finement la pancetta et les filets d'anchois rincés et séchés.

5 Lavez les feuilles de basilic et hachez-les finement. Lavez le persil, séchez-le, retirez les feuilles des tiges et hachez finement. Pelez la gousse d'ail et pressez-la. Pressez bien le pain de mie trempé. Ajoutez le basilic, le persil, l'ail, les cèpes, la pancetta et les anchois aux pieds de champignons hachés.

6 Mélangez soigneusement l'œuf aux autres ingrédients et assaisonnez le tout avec du sel, de la marjolaine et du poivre.

7 Remplissez les chapeaux des champignons avec cette farce. Graissez un moule en aluminium avec 2 c.s. d'huile d'olive. Placez les champignons dans le moule, la farce vers le haut, saupoudrez de chapelure et arrosez goutte à goutte avec le reste de l'huile.

8 Faites cuire les champignons farcis dans le four sur la deuxième grille à partir du haut, pendant 30 minutes, jusqu'à ce que la farce ait une croûte. Laissez refroidir avant de servir.

Conseil
N'assaisonnez pas trop la farce, pour qu'elle ne couvre pas le goût du champignon. Si vous ne trouvez pas de pancetta, prenez du lard pas trop fumé. Le jambon cuit convient également.

Ingrédients

500 g de haricots verts · sel · 1 oignon · 2 gousses d'ail · 6 c.s. d'huile d'olive
$^1/_2$ c.c. de thym séché
3 tomates en grappe · poivre noir du moulin

Pour 4 personnes
Préparation : env. 1 h
Env. 210 kcal par portion

Haricots verts

Fagiolini

- raffiné
- avec ail
- économique
- rapide
- facile
- maigre

1 Lavez et équeutez les haricots, coupez-les en morceaux de 4 cm de long et laissez-les cuire pendant 2 minutes dans de l'eau salée, puis égouttez-les soigneusement.

2 Pelez l'oignon et l'ail, coupez l'oignon en dés très fins. Chauffez l'huile d'olive dans une casserole et faites dorer les dés d'oignon dedans. Pressez l'ail dedans et ajoutez le thym.

3 Ajoutez les haricots, salez légèrement et laissez mijoter pendant 15 minutes dans une casserole fermée, à feu moyen, en tournant de temps en temps.

4 Entaillez les tomates à l'extrémité de la tige, passez-les rapidement à l'eau chaude, rafraîchissez-les et retirez la peau. Puis coupez-les en quatre, retirez l'extrémité de la tige et retirez les pépins, coupez la chair en dés et ajoutez-la aux haricots.

5 Laissez encore mijoter le tout pendant 5 minutes. Assaisonnez les haricots avec le sel et le poivre et servez-les chauds ou refroidis.

Conseil
Au lieu d'employer des tomates fraîches, vous pouvez aussi utiliser 5 cuillers à soupe de purée de tomates en boîte.

Ingrédients

4-6 côtes de céleri vert

75 g de gorgonzola · 75 g de mascarpone · 25 g de parmesan fraîchement râpé · 6-8 c.s. de crème fraîche · poivre noir du moulin

Pour 4 personnes
Préparation : env. 15 mn
Env. 260 kcal par portion

Céleri au fromage

Sedani al formaggio

1 Lavez le céleri en branche, coupez-le en morceaux de 4 cm de long. Conservez la verdure.

2 Mélangez le gorgonzola avec le mascarpone, le parmesan et la crème fraîche pour obtenir une crème lisse. Assaisonnez la crème au fromage avec du poivre.

3 Dressez les morceaux de céleri avec la crème au fromage sur un plat et décorez avec la verdure de céleri.

raffiné ⊖
avec ail ⊖
économique ⊕
rapide ⊕
facile ⊕
maigre ⊖

Variante

Vous pouvez remplacer la crème au fromage par cette sauce aux anchois : mixez 1 jaune d'œuf dur frais avec 1 cuiller rase de filets d'anchois, 2 petits cornichons coupés, 1 c.c. de câpres, 2 c.s. de persil haché, sel, poivre du moulin et 1 c.c. de jus de citron, de manière à obtenir une purée, ajoutez petit à petit l'huile d'olive jusqu'à obtention d'une sauce lisse.

Carpaccio

- raffiné
- avec ail
- économique
- rapide
- facile
- maigre

Ingrédients

300 g de filet de bœuf, en 1 morceau

1 botte de roquette · jus de 1 citron · sel · poivre noir du moulin · 6 c.s. d'huile d'olive

80 g de parmesan en bloc

Pour 4 personnes
Préparation : env. 30 mn
Réfrigération : env. 1 h
Env. 360 kcal par portion

1 Enveloppez le filet de bœuf dans une feuille de papier fraîcheur, formez un rouleau et placez-le 1 h au réfrigérateur.

2 Lavez ensuite la roquette, triez-la et essorez-la. Mélangez le jus de citron avec le sel et le poivre et incorporez l'huile d'olive en fouettant.

3 Coupez le filet de bœuf légèrement gelé en tranches très fines avec un couteau électrique et répartissez-le sur 4 assiettes.

4 Arrosez les tranches de viande avec la marinade et poivrez. Faites des copeaux de parmesan en le râpant avec un couteau économe et mettez-les sur la viande. Répartissez également les feuilles de roquette dessus.

Variantes

Si vous aimez le poisson cru, vous pouvez remplacer le filet de bœuf par la même quantité de filet de saumon. Au lieu de parmesan, vous pouvez employer du raifort fraîchement râpé, des petits dés de cornichons et de l'aneth frais. Le saumon fumé convient également. Si vous choisissez le filet de bœuf, vous pouvez aussi ajouter de l'ail. Pour cela, pelez 6 gousses d'ail et hachez-les finement. Laissez tremper 100 g de pain blanc dans l'eau, pressez bien et mixez avec l'ail au mixeur. Ajoutez l'huile petit à petit, de manière à obtenir une sauce crémeuse. Assaisonnez cette sauce avec un peu de sel, de poivre et de jus de citron.

Conseils

Choisissez de la viande de bonne qualité, de préférence du centre du filet, pour que les tranches soient de la même taille. Pour la marinade, il faut de l'huile d'olive de première qualité.

Viande de bœuf à la sauce verte

Manzo bollito con salsa verde

- ⊕ raffiné
- ⊕ avec ail
- ⊖ économique
- ⊖ rapide
- ⊕ facile
- ⊖ maigre

Ingrédients

2 petits oignons · 1 carotte · 1 morceau de céleri-rave · 1 poireau · 1 racine de persil · 1 c.s. de poivre noir en grains · sel · 800 g de filet de bœuf

1 œuf frais · 2 gousses d'ail · 1 tomate · 2 cornichons · 1 c.c. de câpres · 1/2 botte de persil · 1/2 botte de ciboulette · 4 petites feuilles de menthe · 8 petites feuilles de basilic · jus de 1 citron · poivre noir du moulin · sucre · 5 c.s. d'huile d'olive.

Pour 4 personnes
Préparation : env. 2 h 30
Env. 460 kcal par portion

1 Pelez les oignons. Lavez la carotte, le céleri, le poireau et la racine de persil et coupez-les en gros dés. Faites cuire 1 oignon, les légumes et les grains de poivre dans environ 1,5 l d'eau salée. Faites aussi mijoter la viande 1 h 30 dans le bouillon.

2 Pour la sauce, cuisez l'œuf dur, rafraîchissez-le, écalez-le et hachez-le finement. Coupez le deuxième oignon en petits dés. Pelez les gousses d'ail et hachez-les finement. Lavez la tomate et retirez le pédoncule, épépinez-la et coupez la chair en petits dés. Coupez les cornichons en petits dés. Hachez les câpres. Lavez les fines herbes, séchez-les, hachez-les finement et ajoutez aux autres ingrédients de la sauce. Assaisonnez le tout avec du jus de citron, du sel, du poivre et du sucre. Incorporez l'huile d'olive.

3 Retirez la viande du bouillon, coupez-la dans le sens de la fibre, en biais en fines tranches, dressez sur un plat et recouvrez de sauce. Servez le reste de la sauce séparément.

Ingrédients

1 gros melon cantaloup, bien frais

8 tranches de jambon de Parme · poivre noir du moulin

Pour 4 personnes
Préparation : env. 15 mn
Env. 100 kcal par portion

Melon et jambon

Melone e prosciutto

1 Coupez le melon en deux et retirez les pépins à l'aide d'une cuiller. Coupez les deux demi-melons en quatre tranches.

2 Détachez la chair de la peau et coupez-la en 5-6 morceaux. Placez les morceaux de melon de façon décalée sur la peau.

3 Répartissez les tranches de melon sur 4 assiettes. Placez les tranches de jambon de Parme à côté des tranches de melon et saupoudrez d'un peu de poivre moulu.

raffiné +
avec ail −
économique −
rapide +
facile +
maigre +

Variantes

Vous pouvez remplacer le jambon de Parme par n'importe quelle autre sorte de jambon cru doux. Du salami coupé en très fines tranches accompagne aussi agréablement le melon. Avez-vous déjà essayé le melon au porto ? Pour cela, coupez le melon en deux, à l'horizontale, retirez les pépins et versez 100 ml de porto dans les moitiés. Servez un demi-melon par personne. Les melons au porto ne sont pas réservés aux antipasti, mais servent également de dessert.

Ingrédients

8 c.s. de lait · 60 g de blanc pain rassis · 1 petit oignon

20 g de beurre mou · 500 g de hachis de bœuf · sel · poivre noir du moulin · 1/2 c.c. de marjolaine séchée

50 g de câpres · 40 g de farine

5 c.s. d'huile d'olive · 100 ml de vin blanc · 1 pincée de sucre · 1/2 botte de persil

Pour 4 personnes
Préparation : env. 40 mn
Env. 590 kcal par portion

Boulettes de viande aux câpres

Polpettine ai capperi

- raffiné
- avec ail
- économique
- rapide
- facile
- maigre

1 Chauffez le lait dans une casserole, coupez le pain en petits morceaux, versez dans un plat et arrosez de lait. Pelez l'oignon et émincez-le.

2 Ajoutez le beurre au pain blanc et pétrissez avec la viande hachée et les dés d'oignon. Assaisonnez généreusement avec du sel, du poivre et de la marjolaine.

3 Formez des boulettes de la taille d'une noix avec les mains légèrement mouillées et ajoutez 3 câpres dans chacune. Tournez les boulettes dans la farine.

4 Chauffez l'huile d'olive dans une grande poêle et faites brunir lentement les boulettes dedans. Ajoutez la moitié du vin et faites cuire les boulettes jusqu'à ce que le vin soit évaporé.

5 Retirez les boulettes de la poêle et dressez-les sur un plat. Ajoutez le reste du vin au fond et réchauffez. Ajoutez le reste des câpres à la sauce et réchauffez. Assaisonnez la sauce avec le sel, le poivre et le sucre. Lavez le persil, séchez-le et retirez les feuilles des tiges.

6 Versez la sauce sur les boulettes, garnissez avec le persil et servez froid ou chaud.

Salade de poulet

Insalata di pollo

Ingrédients

sel · 1 feuille de laurier · 1 oignon · 300 g de blanc de poulet (sans peau ni os)

2 carottes · 2 côtes de céleri en branche

$^1/_4$ de botte d'oignons de printemps · 2 laitues

3 c.s. de mayonnaise · 1 c.c. de moutarde · 1 c.c. de vinaigre de vin blanc · poivre noir du moulin

raffiné ⊖
avec ail ⊖
économique ⊕
rapide ⊖
facile ⊕
maigre ⊕

Pour 4 personnes
Préparation : env. 1 h
Env. 180 kcal par portion

1 Amenez $^1/_2$ l d'eau à ébullition dans une grande casserole, ajoutez un peu de sel, la feuille de laurier et l'oignon non pelé mais coupé en deux. Lavez le blanc de poulet et faites-le cuire pendant 15 minutes dans le bouillon, à feu doux.

2 Lavez entre-temps le céleri et les carottes, et coupez-les en petits dés. Faites cuire les légumes pendant les 10 dernières minutes avec le poulet.

3 Retirez le blanc de poulet, laissez-le refroidir et coupez-le en dés avec un couteau très aiguisé.

4 Lavez les oignons de printemps et les laitues, coupez en fines lamelles et versez dans un plat avec les légumes cuits.

5 Mélangez la mayonnaise à la moutarde, au vinaigre et à 4 cuillers à soupe de bouillon, assaisonnez avec du sel et du poivre. Mélangez la marinade et la salade et incorporez doucement le poulet.

Conseil

Au lieu du blanc de poulet, vous pouvez employer du blanc de dinde coupé en dés. Remplacez les légumes cuits par 2 petits cornichons coupés en dés, allongez la mayonnaise avec un peu d'eau et n'employez pas le vinaigre de vin blanc.

Veau à la sauce au thon

Vitello tonnato

- ⊕ raffiné
- ⊖ avec ail
- ⊖ économique
- ⊖ rapide
- ⊕ facile
- ⊖ maigre

Ingrédients

1 carotte · 1 morceau de céleri-rave · 1 morceau de poireau · 1 oignon · 1 kg de viande de veau (cuisseau)

sel

1 boîte de thon (au naturel, 150 g égoutté) · 4 filets d'anchois · 8 cornichons · 2 c.s. de câpres · 2 jaunes d'œufs durs · 200 ml d'huile d'olive · poivre noir du moulin · 1 c.s. de vinaigre · 1-2 c.c. de jus de citron

Pour 4 personnes
Préparation : env. 2 h
Env. 940 kcal par portion

Variantes

Si vous ne disposez que de peu de temps, achetez des tranches de rôti cuites que vous garnissez avec la sauce au thon. Vous pouvez également remplacer le veau par du dindonneau fumé.
Si vous n'aimez pas le goût de l'huile d'olive, remplacez $^1/_3$ de l'huile d'olive par de l'huile au goût neutre.
La viande de veau sera particulièrement juteuse et tendre si, avant de la cuire, vous la saisissez dans l'huile.

1 Lavez la carotte, le céleri et le poireau et coupez-les en gros dés. Pelez l'oignon. Lavez la viande de veau, séchez-la et retirez la peau et les ligaments.

2 Cuisez les légumes et l'oignon dans l'eau salée. Laissez mijoter la viande dans le bouillon pendant 1 h 30. Laissez refroidir la viande dans le bouillon de cuisson.

3 Pour la sauce, égouttez le thon et émiettez-le grossièrement. Rincez les filets d'anchois et séchez-les. Hachez 6 cornichons, coupez les autres en fines lamelles. Réduisez le thon, les filets d'anchois, 1 c.s. de câpres, les cornichons hachés, les jaunes d'œufs en purée au mixeur et ajoutez 50 ml de liquide de cuisson. Mixez en incorporant petit à petit l'huile d'olive. Assaisonnez la sauce avec un peu de sel, de poivre, de vinaigre et de jus de citron.

4 Retirez la viande de veau du bouillon, coupez en biais en tranches fines et dressez sur un plat. Recouvrez la viande avec la sauce et garnissez ensuite avec les cornichons coupés en tranches avec le reste des câpres.

Ingrédients

150 g de foie de veau · 2 oignons
125 g de beurre à température ambiante · 1 c.s. d'huile d'olive · 2 feuilles de laurier · poivre noir du moulin · 4 c.s. de marsala

Pour 4 personnes
Préparation : env. 40 mn
Refroidissement : env. 2 h
Env. 340 kcal par portion

Pâté de foie à la vénitienne

Pâté di fegato alla veneziana

- ⊕ raffiné
- ⊖ avec ail
- ⊖ économique
- ⊖ rapide
- ⊕ facile
- ⊖ maigre

1 Lavez le foie de veau, séchez-le et coupez-le en fines tranches. Pelez les oignons et coupez-les en fines rondelles.

2 Chauffez 20 g de beurre et l'huile d'olive dans la poêle et faites dorer les oignons dedans à feu doux.

3 Augmentez la chaleur, ajoutez les feuilles de laurier et les lamelles de foie, cuisez pendant 5 petites minutes en tournant plusieurs fois. Salez et poivrez le foie. Ajoutez le marsala et laissez évaporer.

4 Retirez le foie du feu et laissez-le refroidir. Retirez les feuilles de laurier. Hachez très finement les oignons et le foie avec un couteau, puis réduisez-le en purée au mixeur ou passez-le dans le hachoir à viande.

5 Mélangez soigneusement le reste du beurre avec la crème de foie, de manière à obtenir une pâte lisse. Assaisonnez encore une fois la crème de foie avec du poivre du moulin et du sel et laissez reposer au moins 2 heures au frais. Servez ce pâté de foie avec du pain grillé.

Conseil
Si vous possédez un robot assez solide, vous pouvez réduire ensemble en purée le foie, les oignons et le beurre.

Variante
À la place du marsala, vous pouvez employer du cognac ou du porto rouge. Pour assaisonner le pâté, vous pouvez remplacer le laurier par de la sauge ou du romarin.

Bresaola à l'œuf

Bresaola della valtellina

Ingrédients

300 g de bresaola (coupé très finement par le boucher) · 3 c.s. d'huile d'olive

2 jaunes d'œufs frais · poivre noir du moulin · 1/2 c.c. d'origan séché

jus de 1/2 citron · 40 g de parmesan en 1 morceau · 1 citron non traité

raffiné +
avec ail −
économique −
rapide +
facile +
maigre −

Pour 4 personnes
Préparation : env. 15 mn
Env. 550 kcal par portion

1 Répartissez le bresaola sur 4 assiettes ou sur un plat en cercle et arrosez avec de l'huile d'olive.

2 Battez les jaunes d'œufs et répartissez-les sur la viande. Poivrez généreusement et saupoudrez d'origan.

3 Laissez imprégner un moment et arrosez la viande de jus de citron. À l'aide d'un couteau économe, faites des copeaux de parmesan dont vous parsemez la viande. Lavez le citron non traité, coupez-le en tranches et garnissez-en la viande.

Bresaola

Le bresaola, une spécialité de la Valteline, est un filet de bœuf salé et séché. Vous pouvez le remplacer par de la viande des Grisons.

Variante

On prépare souvent le bresaola comme le carpaccio. La recette suivante est délicieuse : dressez le bresaola sur 150 g de roquette lavée. Nettoyez 100 g de champignons et les côtes de céleri en branche, coupez-les en fines tranches et répartissez-les sur le bresaola. Recouvrez le tout d'une sauce composée de 2 c.s. de jus de citron, 4 c.s. d'huile d'olive, 1 c.s. de persil haché et 2 gousses d'oignon finement hachées.

Salade de scampi aux légumes

Insalata russa

- raffiné
- avec ail
- économique
- rapide
- facile
- maigre

1 Détachez la queue des scampi de la carapace, retirez le fil noir (intestin) et rincez-les. Laissez dégeler les scampi surgelés. Faites cuire un peu d'eau avec du sel et du vinaigre de vin blanc. Faites cuire les queues de scampi dedans pendant 3 minutes.

2 Lavez et équeutez les haricots, coupez-les en morceaux de 1 cm et cuisez-les pendant 8 minutes dans de l'eau salée, pour qu'ils restent fermes. Lavez et pelez les carottes, coupez-les en morceaux de 1 cm et faites-les cuire dans de l'eau salée pendant 10 minutes.

3 Lavez les pommes de terre et faites-les cuire pendant 20 minutes dans de l'eau salée, laissez-les refroidir un peu avant de les peler et coupez-les en dés de 1 cm. Faites cuire les petits pois dégelés pendant 2 minutes dans de l'eau salée, égouttez et laissez refroidir.

4 Séchez bien les betteraves rouges avec du papier essuie-tout et coupez-les en dés de 1 cm. Coupez les cornichons en dés fins. Mettez-les avec les câpres dans un plat.

5 Coupez la moitié des queues de scampi en petits morceaux et mettez-les avec les légumes refroidis et les pommes de terre dans un plat. Salez et poivrez puis ajoutez doucement l'huile et le vinaigre. Quand tous les ingrédients sont recouverts d'huile de manière uniforme, incorporez la mayonnaise.

6 Laissez imbiber la salade pendant 1 heure. Lavez et séchez le persil, retirez les petites feuilles des tiges, hachez-les finement et garnissez la salade. Présentez le reste des queues de scampi sur la salade.

Ingrédients

300 g de queues de scampi ou gambas crus (frais ou surgelés) · sel · 1 c.s. de vinaigre de vin blanc

100 g de haricots verts · 2 carottes

3 petites pommes de terre · 100 g de petits pois surgelés

5 petites betteraves rouges (en bocal) · 4 cornichons · 1 c.s. de câpres

poivre noir du moulin · 2 c.s. d'huile d'olive · 2 c.s. de vinaigre balsamique · 250 g de mayonnaise

1/2 botte de persil

Pour 4 personnes
Préparation : env. 1 h
Marinage : env. 1 h
Env. 680 kcal par portion

Conseil

Vous pouvez préparer cette salade 2 jours avant de servir. Retirez-la suffisamment tôt du réfrigérateur, car, si elle est trop froide, elle ne développe pas pleinement son goût.

Variante

Cette salade de scampi s'accommode aussi très bien d'une mayonnaise à l'huile d'olive. Pour cela, mélangez intimement 2 jaunes d'œufs frais, 2 c.s. de jus de citron et 1/4 de c.c. de sel avec un fouet et, tout en fouettant, ajoutez 250 ml d'huile, d'abord goutte à goutte, puis sous forme d'un léger filet pour obtenir une mayonnaise lisse.

Ingrédients

500 g de sardines fraîches

125 ml d'huile d'olive · 60 g de farine

sel · poivre noir du moulin

2 gros oignons · 8 c.s. de vinaigre de vin blanc ou rouge · 4 feuilles de laurier · 2 c.s. de raisins de Corinthe · 2 c.s. de pignons de pin

Pour 4 personnes
Préparation : env. 1 h
Marinage : env. 12 h
Env. 460 kcal par portion

Sardines marinées

Sarde in saor

- raffiné
- avec ail
+ économique
- rapide
+ facile
- maigre

1 Retirez la tête des sardines, évidez-les, lavez-les soigneusement et séchez-les.

2 Chauffez la moitié de l'huile d'olive dans une poêle. Tournez les sardines dans la farine et faites-les dorer dans l'huile d'olive pendant 3 minutes de chaque côté.

3 Laissez égoutter le poisson sur du papier essuie-tout, placez-le dans un plat allant au four, salez et poivrez légèrement. N'employez pas de moule métallique, la marinade pourrait attaquer le métal.

4 Pelez les oignons et coupez-les en fines rondelles. Chauffez le reste de l'huile et faites dorer les oignons à feu doux. Allongez avec du vinaigre, salez et poivrez. Ajoutez le laurier, les raisins de Corinthe et les pignons de pin et cuisez encore 5 minutes.

5 Versez les oignons sur les sardines et laissez imprégner au moins 12 h au réfrigérateur. Sortez les sardines du réfrigérateur au moins 1 h avant de servir et dressez-les sur les oignons.

Variante

Vous pouvez remplacer les sardines par d'autres variétés de poisson, qui se laissent cuire en entier. Des filets de sole conviennent également. Comptez 350 g de filet de poisson pour 4 personnes.

Salade de fruits de mer

Insalata di frutti di mare

Ingrédients

500 g de calamars prêts à l'emploi · 500 g de moules · 200 g de praires · 200 g de queues de scampi (frais ou surgelés) ou gambas

2 oignons · $^1/_2$ citron non traité · 1 botte de persil · 1 feuille de laurier · $^1/_2$ l de vin blanc

jus de 1 citron · sel · poivre noir du moulin · 1 pincée de sucre · 4 c.s. d'huile d'olive · 2 gousses d'ail · 2 poivrons rouges au vinaigre (en bocal) · 10 olives noires · 1 botte de basilic

raffiné ⊕
avec ail ⊕
économique ⊖
rapide ⊖
facile ⊖
maigre ⊖

Pour 4 personnes
Préparation : env. 45 mn
Marinage : env. 4 h
Env. 480 kcal par portion

1 Brossez les calamars, les praires et les moules sous l'eau courante froide. Détachez les queues des scampi et retirez-les de leur carapace, retirez l'intestin. Dégelez les ingrédients surgelés.

2 Pelez et coupez les oignons en quatre. Coupez le demi-citron en tranches. Lavez le persil. Faites cuire le tout dans le vin blanc avec la feuille de laurier.

3 Placez les moules et les praires dans une passoire et cuisez-les à la vapeur jusqu'à ce que les coquilles s'ouvrent. Cuisez ensuite les queues de scampi pendant 2 minutes à la vapeur, puis faites cuire 10 minutes les calamars dans le jus.

4 Laissez refroidir tous les ingrédients. Détachez les moules de la coquille et jetez celles qui restent fermées. Coupez les queues de scampi et les calamars en morceaux.

5 Préparez une marinade en mélangeant le jus de citron, le sel, le poivre, le sucre et l'huile d'olive. Pelez les gousses d'ail et pressez-les. Coupez les poivrons en petits morceaux, retirez le noyau des olives et hachez-les grossièrement. Lavez les feuilles de basilic et ciselez-les. Laissez imbiber tous les ingrédients, les fruits de mer et la salade, couverts, pendant 4 heures au réfrigérateur.

Ingrédients

450 g de pommes de terre farineuses · sel

1 boîte de thon (à l'huile, 150 g égoutté) · 1 œuf frais · 1 jaune d'œuf frais · 3 c.s. de parmesan râpé

poivre noir du moulin · noix de muscade fraîchement râpée · 1/2 botte de persil

huile pour frire · 40 g de farine

Pour 4 personnes
Préparation : env. 1 h 15
Env. 490 kcal par portion

Boulettes de pommes de terre au thon

Polpettine di patate e tonno

- raffiné
- avec ail
- économique
- rapide
- facile
- maigre

1 Lavez les pommes de terre et faites-les cuire pendant 25 minutes dans de l'eau salée. Pelez-les et passez-les encore chaudes dans le presse-purée.

2 Laissez bien égoutter le thon et émiettez-le dans un plat. Ajoutez les pommes de terre refroidies, l'œuf, le jaune d'œuf et le parmesan et mélangez soigneusement le tout.

3 Assaisonnez généreusement le mélange avec du sel, du poivre et de la noix de muscade. Lavez et séchez le persil, retirez les feuilles de la tige, hachez-le finement et incorporez-le au mélange de pommes de terre et thon

4 Chauffez l'huile ou la graisse de friture à 170 °C. Formez des boulettes de la taille d'une noix, tournez-les dans la farine et faites-les frire par portions, pendant 3 à 4 minutes pour qu'elles soient dorées.

5 Égouttez brièvement les boulettes sur du papier essuie-tout et servez-les chaudes.

Variante

Petite astuce pour effet grandiose : ajoutez des câpres hachées à cette préparation.

Ingrédients

300 g de queues de scampi crus (frais ou surgelés) ou gambas · 1 botte de roquette · 2 gousses d'ail · 3 échalotes

1/2 botte de persil · 8 tomates cocktail

5 c.s. d'huile d'olive

4 c.s. de vinaigre balsamique blanc · 3 c.s. de bouillon de légumes · sel · poivre noir du moulin

Pour 4 personnes
Préparation : env. 35 mn
Env. 210 kcal par portion

Scampi frits à l'ail

Gamberi all'aglio

1 Ôtez la carapace des scampi et retirez le fil noir (intestin). Rincez les scampi. Décongelez-les s'ils sont surgelés. Lavez la roquette, triez-la et séchez-la. Pelez l'ail et les échalotes, divisez les gousses d'ail en deux et coupez les échalotes en petits dés.

2 Lavez et séchez le persil, retirez les feuilles de la tige et hachez-les finement. Lavez les tomates cocktail et coupez-les en deux.

3 Chauffez l'huile d'olive dans une poêle et faites griller l'ail à feu moyen jusqu'à ce qu'il soit doré, puis retirez-le. Chauffez fortement l'huile et faites revenir les queues de scampi dedans pendant 2 minutes en les tournant une fois.

4 Retirez les scampi et gardez-les au chaud. Faites dorer les dés d'échalotes à feu moyen dans l'huile de cuisson. Allongez avec le vinaigre et le bouillon de légumes. Ajoutez le persil et assaisonnez le tout avec du sel et du poivre.

5 Dressez la roquette sur 4 assiettes, placez les queues de scampi dessus, recouvrez de sauce et garnissez avec les tomates.

raffiné +
avec ail +
économique −
rapide −
facile +
maigre −

Conseil
Ne dépassez pas le temps de cuisson indiqué pour les scampi, sinon ils deviennent durs.

Calamars farcis

Calamari ripieni

- ⊖ raffiné
- ⊕ avec ail
- ⊕ économique
- ⊖ rapide
- ⊖ facile
- ⊖ maigre

Ingrédients

1 kg de calamars frais

jus de 1 citron

1/2 botte de persil · 4 filets d'anchois · 2 gousses d'ail

1 œuf frais · 3 c.s. de chapelure · 1 c.s. de pecorino fraîchement râpé (ou de parmesan) · poivre noir du moulin · sel

3 c.s. d'huile d'olive

2 brins de thym · 1 citron non traité

Pour 4 personnes
Préparation : env. 1 h
Cuisson : env. 45 mn
Env. 310 kcal par portion

1 Lavez bien les calamars sous l'eau courante et retirez la fine peau de la poche. Retirez avec un couteau aiguisé les intestins et la tête. Hachez très finement les tentacules. Sortez la carapace dorsale transparente de la poche.

2 Retournez avec précaution la poche du calamar, lavez la partie intérieure, séchez-la et arrosez-la avec du jus de citron. Retournez à nouveau la poche.

3 Lavez et séchez le persil. Retirez les feuilles de la tige et hachez-les finement. Rincez les filets d'anchois, séchez-les et hachez-les également. Pelez l'ail.

4 Mélangez soigneusement dans un plat, les tentacules hachés avec l'œuf, la chapelure, le fromage, le persil et les anchois. Pressez et ajoutez l'ail en mélangeant bien. Assaisonnez la farce avec un peu de poivre et de sel.

5 Préchauffez le four sur 150 °C (th. 5). Placez la farce dans la poche du calamar avec une cuiller. Ne remplissez la poche qu'aux 2/3 et refermez-la en la cousant avec du fil de cuisine ou maintenez les bords bien serrés avec des cure-dents.

6 Placez les calamars farcis dans un plat allant au four, enduisez au pinceau avec de l'huile d'olive et glissez sur la grille centrale du four, pour cuire 40 minutes en les tournant au moins une fois.

7 Pour les calamars cousus, coupez le fil, pour les autres retirez les cure-dents. Servez les calamars chauds ou froids, garnis de thym et de quartiers de citron.

Conseil

Pour vous simplifier la tâche, employez des calamars déjà parés, qui s'achètent surgelés.

Variante

Vous aimez la sauce tomate ? Essayez donc ceci : faites revenir deux gousses d'ail pelées et coupées en deux dans 5 c.s. d'huile d'olive. Retirez l'ail et faites dorer un petit oignon dans l'huile. Ajoutez une petite boîte de tomates passées et laissez cuire. Laissez ensuite mijoter les calamars farcis pendant 50 minutes à feu doux. Salez, poivrez et ajoutez un peu de sucre.

Fruits de mer avec sauce au persil

Frutti di mare in pastella

- ⊕ raffiné
- ⊕ avec ail
- ⊖ économique
- ⊖ rapide
- ⊖ facile
- ⊖ maigre

Ingrédients

2 jaunes d'œufs frais · 175 g de farine · sel · poivre noir du moulin

1 petit oignon · 2 gousses d'ail · 2 bottes de persil · 2 c.s. de vinaigre balsamique · 4 c.s. d'huile d'olive

300 g de sardines fraîches · 250 g de queues de scampi (frais ou surgelés) ou gambas

huile ou graisse pour cuire

Pour 4 personnes
Préparation : env. 30 mn
Macération : env. 1 h
Env. 640 kcal par portion

1 Mélangez les jaunes d'œuf frais avec la farine et 250 ml d'eau. Assaisonnez la pâte avec du sel et du poivre et laissez macérer 1 heure.

2 Pelez et coupez l'oignon et l'ail en petits dés. Lavez le persil, séchez-le, retirez les feuilles des tiges et hachez-les finement. Mélangez le vinaigre avec le sel et le poivre et incorporez l'huile en fouettant. Incorporez l'oignon, l'ail et le persil.

3 Enlevez la tête des sardines. Videz les sardines, lavez-les soigneusement et séchez-les. Retirez les queues des scampi de la carapace et retirez l'intestin. Rincez les queues de scampi et séchez-les. Laissez dégeler les ingrédients gelés.

4 Chauffez l'huile à 170 °C dans une friteuse ou une marmite. Passez les sardines et les queues de scampi par portion dans la pâte en les piquant sur une fourchette, faites-les dorer 2 à 5 minutes dans l'huile, en les tournant une fois.

5 Égouttez les sardines et les queues de scampi sur une feuille de papier essuie-tout et servez avec la sauce au persil.

Ingrédients

4 petites truites prêtes à cuire · 2 oignons · 2 gousses d'ail · 3 carottes · 1 poireau · 2 côtes de céleri vert

3 feuilles de laurier · 1 c.c. de poivre en grains · 1 c.c. de baies de genévrier · 1/2 l de vin blanc sec · jus de 1 citron · sel · 250 ml de vinaigre de vin blanc

Pour 4 personnes
Préparation : env. 45 mn
Marinage : env. 2 h
Env. 380 kcal par portion

Truites au vin blanc

Trote al vino bianco

1 Lavez et séchez les truites et réservez-les. Pelez les oignons et l'ail et coupez-les en dés. Lavez et pelez les carottes et coupez-les finement en dés. Lavez le poireau et le céleri et coupez-les également en dés.

2 Nouez les feuilles de laurier, les grains de poivre et les baies de genévrier dans un carré de gaz. Amenez le vin blanc, le jus de citron, le sel et les aromates à ébullition avec 1/2 l d'eau. Ajoutez les légumes et le vinaigre et laissez bouillonner doucement pendant 10 minutes.

3 Laissez imbiber les truites dans le jus de cuisson pendant 10 minutes sur feu doux. Retirez la casserole du feu et laissez refroidir les truites dans le jus.

4 Retirez la peau des truites, détachez les filets de l'arête et dressez-les sur un plat. Retirez les légumes du jus avec une écumoire et répartissez-les sur les truites.

raffiné ⊖
avec ail ⊕
économique ⊕
rapide ⊖
facile ⊕
maigre ⊕

Conseil
Une sauce à l'ail accompagne très bien les truites (voir variante p. 32).

Trio de crostini

Crostini di tre spezie

- raffiné
- avec ail
- économique
- rapide
- facile
- maigre

Ingrédients

$^1/_2$ petit oignon · 100 g de foies de volaille · 6 c.s. d'huile d'olive · 50 ml de Vin Santo · sel · poivre noir du moulin · 2 filets d'anchois · 2 c.c. de câpres · 25 g de beurre à température de la pièce

2 gousses d'ail · $^1/_2$ peperoncino séché · 40 g d'olives noires (dénoyautées) · $^1/_4$ de c.c. de romarin · $^1/_4$ de c.c. de thym · $^1/_4$ de c.c. de jus de citron

2 petites tomates en grappe · $^1/_4$ de botte de roquette

12 tranches de pain toscan non salé ou de la ciabatta

Pour 4 personnes
Préparation : env. 1 h
Env. 620 kcal par portion

1 Pelez l'oignon et coupez-le en dés. Nettoyez les foies de volaille et coupez-les en petits morceaux. Chauffez 2 c.s. d'huile d'olive dans une poêle et faites dorer l'oignon dedans. Ajoutez les foies de volaille et faites cuire le tout pendant 5 minutes. Ajoutez le Vin Santo et continuez à mijoter jusqu'à ce que tout le liquide soit évaporé. Assaisonnez le foie avec du sel et du poivre et laissez refroidir. Rincez et séchez un filet d'anchois. Réduisez les foies de volaille, le filet d'anchois, 1 c.c. de câpres et le beurre en purée et mettez au frais.

2 Pelez l'ail et hachez finement une gousse. Rincez et séchez le filet d'anchois restant. Épépinez le peperoncino. Si vous ne travaillez pas avec des gants de ménage, lavez-vous immédiatement les mains. Réduisez les olives, l'ail haché, le filet d'anchois, 1 c.c. de câpres, le thym, le romarin, le peperoncino et le jus de citron en une purée fine. Mixez 2 c.s. d'huile d'olive et assaisonnez la pâte d'olives avec un peu de sel et de poivre.

3 Lavez les tomates, retirez le pédoncule, épépinez-les et coupez la chair en petits dés. Lavez la roquette, triez-la, essorez-la et hachez-la finement.

4 Pour les crostini, faites dorer les tranches de pain. Tartinez 4 tranches avec la crème de foies de volaille et la pâte d'olives. Coupez la gousse d'ail restante en deux et frottez les tranches de pain restantes. Arrosez-les de 2 c.s. d'huile, répartissez les tomates en dés dessus, salez légèrement et saupoudrez avec la roquette hachée.

Variante

Remplacez les crostini par de la bruschette. Pour cela, grillez les plus grandes tranches d'un pain de campagne italien (avec des grosses croûtes) dans le four, puis frottez-le avec une demi-gousse d'ail et arrosez de quelques gouttes d'huile d'olive.

Conseil

La crème de foies de volaille et la crème d'olives se conservent 3 jours au réfrigérateur.

Pain pizza

Focacce

- raffiné
- avec ail
- économique
- rapide
- facile
- maigre

Ingrédients

8 g de levure fraîche · 250 g de farine · sel · sucre · 4 c.s. d'huile d'olive

farine pour le plan de travail

1 c.c. d'aiguilles de romarin hachées

Pour 4 personnes
Préparation : env. 30 mn
Temps pour lever : env. 1 h 30
Env. 330 kcal par portion

1 Émiettez la levure et délayez-la dans 125 ml d'eau tiède, ajoutez à la farine avec 1/2 c.c. de sel, 1/2 c.c. de sucre et 2 c.s. d'huile d'olive et pétrissez pour obtenir une pâte lisse. Formez une boule avec la pâte et laissez-la lever pendant 1 heure 30 dans un endroit chaud.

2 Préchauffez le four sur 250 °C (th. 8-9). Pétrissez à nouveau la pâte sur le plan de travail enfariné, partagez-la en 4 portions et aplatissez-les au rouleau pour former 4 fines crêpes.

3 Enduisez les crêpes avec l'huile, au pinceau, et saupoudrez de sel et de romarin haché. Déposez-les sur une plaque à pâtisserie recouverte d'une feuille de papier cuisson et glissez-les sur la grille centrale du four pour les laisser cuire pendant 7 minutes. Servez les pains pizzas chauds ou froids.

Variante (voir illustration)

Vous pouvez aussi préparer des mini-pizzas avec la pâte. Pour cela, découpez avec un verre renversé des morceaux de pâte, enduisez-les de purée de tomate, et selon votre goût, de salami, jambon, légumes ou anchois. Garnissez avec du fromage râpé ou de fines tranches de mozzarella. Faites cuire les mini-pizzas pendant 7 minutes au four, sur la grille centrale dans un four préchauffé à 250 °C (th. 8-9).

Ingrédients

15 g de levure fraîche · 250 g de farine · 1/2 c.c. de sel · poivre noir du moulin · 75 g de saindoux

50 g d'amandes entières non pelées

Pour 4 personnes
Préparation : env. 30 mn
Temps pour lever : env. 1 h
Cuisson : env. 40 mm
Env. 420 kcal par portion

Anneaux de pâte cuits

Taralli

1 Diluez la levure dans 2 c.s. d'eau tiède. Versez la farine sur le plan de travail, ajoutez du sel et 1 c.c. de poivre fraîchement moulu. Coupez le saindoux en petits morceaux. Faites un creux dans la farine et ajoutez le saindoux ainsi que la levure délayée.

2 Pétrissez soigneusement tous les ingrédients et ajoutez suffisamment d'eau pour obtenir une pâte souple mais pas trop ferme. Pétrissez la pâte pendant au moins 10 minutes.

3 Divisez la pâte en morceaux et formez des rouleaux de 10 à 12 cm et de 1 cm d'épaisseur. Ajoutez 3 amandes dans les rouleaux. Formez des anneaux avec les rouleaux de pâte et pressez fortement les bords ensemble. Placez les anneaux de pâte sur une plaque à pâtisserie garnie d'une feuille de papier cuisson et laissez monter 1 heure dans un endroit chaud.

4 Préchauffez le four sur 160 °C (th. 5-6). Faites cuire les an-neaux de pâte sur la grille du milieu pendant 35 à 40 minutes.

raffiné ⊖
avec ail ⊖
économique ⊕
rapide ⊖
facile ⊕
maigre ⊖

Taralli

Les taralli sont une spécialité typique de la Campanie. À Naples, on les trouve à de nombreux comptoirs de rue. Ils sont meilleurs frais, mais se conservent quelques jours. Vous pouvez également saupoudrer les taralli avec des graines de fenouil avant de les cuire.

Ingrédients

300 g de fromage de brebis frais · 6 gousses d'ail · 1 brin de thym · 2 brins de romarin
2 peperoncini séchés
jus de 1 citron · 350 ml d'huile d'olive

Pour 4 personnes
Préparation : env. 15 mn
Marinage : env. 24 h
Env. 420 kcal par portion

Fromage de brebis à l'huile

Pecorino sott'olio

- raffiné
+ avec ail
+ économique
- rapide
+ facile
- maigre

1 Rincez le fromage de brebis, séchez-le et coupez-le en dés de taille moyenne. Pelez l'ail et hachez-le grossièrement. Coupez le thym et le romarin en gros morceaux.

2 Rincez soigneusement un bocal en verre d'une contenance de 1 l, avec 1 couvercle qui visse, séchez-le dans le four à 70 °C et laissez-le refroidir. Placez les dés de fromage, le thym, le romarin et les peperoncini dans le bocal en alternant les couches.

3 Mélangez le jus de citron avec l'huile d'olive et versez sur le fromage. Laissez au moins macérer 24 heures dans le réfrigérateur.

Conseil

Le fromage de brebis se garde facilement 1 mois dans le réfrigérateur, dans le bocal bien fermé. Prenez soin de sortir les morceaux de fromage avec un couvert bien propre.

Variantes

D'autres fromages à pâte molle peuvent aussi être conservés de cette manière. Pour varier, ajoutez des fines herbes lavées et séchées et remplacez les peperoncini par du poivre en grains.
La roquette se laisse bien mariner avec du vinaigre, du sel, du poivre et de l'huile de conserve. Placez quelques dés de fromage de brebis, rapidement passés sous le grill dessus.

Ingrédients

150 g de mozzarella · 8 tranches de pain
sel · poivre noir du moulin · 1 c.c. de thym sec
2 œufs frais · 4 c.s. de crème fraîche · 20 g de farine
huile d'olive pour gratiner

Pour 4 personnes
Préparation : env. 30 mn
Env. 510 kcal par portion

Pains gratinés à la mozzarella

Mozzarella in carrozza

1 Rincez la mozzarella, séchez-la et coupez-la en 8 tranches. Retirez la croûte du pain blanc. Placez 2 tranches de mozzarella sur chaque tranche de pain.

2 Salez, poivrez la mozzarella et saupoudrez-la de thym. Placez les autres tranches de pain dessus, humidifiez légèrement les bords et pressez doucement.

3 Délayez les œufs avec la crème fraîche, et assaisonnez avec du sel et du poivre. Tournez les pains dans la farine, placez-les dans un récipient plat et versez le mélange aux œufs dessus. Tournez les pains pour qu'ils absorbent tout le liquide.

4 Chauffez une bonne quantité d'huile dans une poêle et faites dorer les pains dedans. Laissez égoutter les pains sur du papier essuie-tout et servez chaud.

raffiné ⊖
avec ail ⊖
économique ⊕
rapide ⊕
facile ⊕
maigre ⊖

Conseil
La mozzarella que l'on trouve le plus couramment est fabriquée à partir de lait de vache, mais il en existe à partir de lait de bufflonne.

Ingrédients

200 g de mozzarella · 8 tomates en grappe · 1 botte de basilic
3 c.s. de vinaigre balsamique blanc · sel · sucre · poivre noir du moulin
2 c.s. d'huile d'olive

Pour 4 personnes
Préparation : env. 15 mn
Env. 220 kcal par portion

Tomates à la mozzarella

Insalata caprese

- ⊖ raffiné
- ⊖ avec ail
- ⊕ économique
- ⊕ rapide
- ⊕ facile
- ⊖ maigre

1 Rincez et séchez la mozzarella. Lavez et séchez les tomates. Lavez et séchez le basilic et détachez les petites feuilles des tiges.

2 Coupez la mozzarella et les tomates en tranches. Placez en alternant les tranches de tomates et de mozzarella sur une assiette.

3 Mélangez le vinaigre balsamique avec le sel et le sucre et relevez avec un peu de poivre du moulin. Incorporez l'huile d'olive et répartissez la marinade sur les tomates et la mozzarella. Garnissez avec les feuilles de basilic

Conseil
La réussite de ce plat dépend de la qualité et de la fraîcheur des ingrédients. N'employez que de l'huile d'excellente qualité et les tomates les plus savoureuses.

Variante
Si vous ne trouvez pas de basilic frais, saupoudrez les tomates et la mozzarella avec de l'origan séché.

Omelette aux courgettes

Frittata di zucchine

Ingrédients

1 courgette · 1 gros oignon · 1 gousse d'ail

4 c.s. d'huile d'olive · sel · poivre noir du moulin

8 œufs frais · 4 c.s. de lait

raffiné ⊖
avec ail ⊕
économique ⊕
rapide ⊕
facile ⊕
maigre ⊖

Pour 4 personnes
Préparation : env. 30 mn
Env. 310 kcal par portion

1 Lavez la courgette et coupez-la en très fines tranches. Pelez l'oignon et l'ail et coupez l'oignon en petits dés.

2 Dans une poêle sèche, chauffez 2 c.s. d'huile, et faites cuire les tranches de courgettes pendant 10 minutes, assaisonnez avec du sel et du poivre.

3 Chauffez le reste de l'huile d'olive dans une autre poêle et faites-y revenir les dés d'oignon jusqu'à ce qu'ils soient dorés. Pressez l'ail et faites-le revenir également. Salez et poivrez l'oignon et l'ail.

4 Délayez les œufs avec le lait, salez et poivrez. Préchauffez le gril ou le four sur 200 °C (th. 6-7). Ajoutez les tranches de courgette aux oignons et réchauffez à nouveau le tout. Versez les œufs délayés dessus et laissez figer doucement pendant 10 minutes, sur feu doux, dans une poêle à couvert.

5 Faites glisser l'omelette sur une assiette allant au four. Laissez légèrement brunir sous le gril ou placez-la sur la deuxième grille à partir du haut, dans le four, pour qu'elle brunisse légèrement à la surface.

Boulettes de riz

Arancini alla siciliana

- raffiné
- avec ail
- économique
- rapide
- facile
- maigre

1 Faites cuire le riz dans l'eau bouillante salée et avec le safran pendant 15 minutes, égouttez et laissez un peu refroidir. Mélangez le beurre, le parmesan et 1 œuf.

2 Nettoyez les foies de volaille et coupez-les en fins dés. Lavez le persil, séchez-le, retirez les feuilles des tiges et hachez-les finement. Pelez et hachez finement l'oignon et l'ail. Chauffez l'huile dans une poêle et faites-les dorer.

3 Ajoutez les foies de volaille et la viande hachée et saisissez à feu vif. Ajoutez les petits pois et cuisez le tout. Incorporez le persil et le concentré de tomates, cuisez le tout et allongez avec le bouillon.

4 Laissez cuire la sauce à feu doux pendant 15 minutes, sans couvrir. Le liquide devrait être presque complètement évaporé. Assaisonnez la sauce avec du sel et du poivre et laissez refroidir.

5 Avec le mélange au riz, façonnez des demi-boulettes d'un diamètre de 4 cm. Creusez un trou au centre, versez-y 1 c.c. de sauce, ajoutez un peu de riz et collez ensuite deux demi-boulettes soigneusement ensemble pour reformer une boule.

6 Chauffez l'huile dans une casserole ou dans la friteuse, à 170 °C. Mélangez les 2 œufs en omelette. Tournez les boulettes dans la farine, puis passez-les dans les œufs et dans la chapelure.

7 Faites revenir les boulettes dans l'huile chaude jusqu'à ce qu'elles soient dorées et croustillantes, retirez-les et égouttez-les sur du papier essuie-tout. Garnissez chaque boulette d'une feuille de laurier et servez chaud.

Ingrédients

300 g de riz à grains ronds (Arborio ou Vialone) · sel · 50 g de beurre · 1 pincée de safran · 3 c.s. de parmesan fraîchement râpé · 3 œufs frais

50 g de foies de volaille · 1/4 de botte de persil · 1/2 petit oignon · 1 gousse d'ail · 2 c.s. d'huile d'olive

50 g de hachis · 50 g de petits pois (frais ou surgelés) · 1 c.c. de concentré de tomates · 100 ml de bouillon de viande

poivre noir du moulin · huile ou graisse à frire · 50 g de farine · 50 g de chapelure

feuilles de laurier pour garnir

Pour 4 personnes
Préparation : env. 1 h 15
Env. 900 kcal par portion

Variantes

Vous pouvez remplacer les foies de volaille par du hachis de poulet cru ou cuit. La préparation suivante est plus simple : placez dans chaque boulette un peu de mozzarella en petits morceaux et du jambon cuit ou cru coupé finement et faites frire les boulettes comme dans la recette.

Ingrédients

300 g de pain blanc rassis · sel

1 gros oignon · 6 tomates · 1 poivron jaune · $^1/_2$ concombre · 1 botte de basilic

2 c.c. de câpres · poivre noir du moulin · $^1/_4$ de c.c. de thym séché · 4 c.s. d'huile d'olive · 2-3 c.s. de vin blanc doux ou du vinaigre de xérès

Pour 4 personnes
Préparation : env. 30 mn
Marinage : env. 2 h
Env. 340 kcal par portion

Salade de pain

Panzanella

- ⊖ raffiné
- ⊖ avec ail
- ⊕ économique
- ⊖ rapide
- ⊕ facile
- ⊕ maigre

1 Coupez le pain en gros dés et faites-le tremper avec de l'eau et une pincée de sel. Pressez le pain trempé et mettez-le dans un plat.

2 Pelez l'oignon et coupez-le en fines rondelles. Nettoyez et coupez les tomates, le poivron et le concombre en dés. Lavez et séchez le basilic, retirez les feuilles de la tige et ciselez-les.

3 Ajoutez les rondelles d'oignon, les tomates, le poivron, le concombre et le basilic au pain et assaisonnez avec les câpres, du sel, du poivre du moulin et du thym. Arrosez le tout de quelques gouttes d'huile. Laissez macérer la salade pendant 2 heures dans le réfrigérateur. Avant de servir, incorporez le vin blanc ou le vinaigre de xérès.

Variante

Si vous n'avez pas de pain rassis, coupez du pain frais en tranches. Mélangez ensuite 1 gousse d'ail pelée et pressée avec 100 ml d'huile d'olive et tartinez les tranches de pain de ce mélange. Faites dorer les tranches de pain sous le gril, trempez-les, émiettez-les grossièrement ou coupez-les en petits morceaux que vous ajoutez à la salade.

Œufs farcis

Uova sode ripiene

Ingrédients
6 œufs frais
4 filets d'anchois · $^1/_4$ de botte de persil
2 c.s. de mayonnaise · sel · poivre noir du moulin
quelques feuilles de salade · 6 radis · 6 cornichons
12 câpres

raffiné ⊖
avec ail ⊖
économique ⊕
rapide ⊖
facile ⊕
maigre ⊖

Pour 4 personnes
Préparation : env. 35 mn
Env. 240 kcal par portion

1 Cuisez les œufs pendant 10 minutes pour qu'ils deviennent durs, rafraîchissez-les sous l'eau froide, écalez-les et laissez-les refroidir. Coupez-les en deux dans le sens de la longueur et détachez doucement le jaune du blanc à l'aide d'une petite cuiller.

2 Rincez les filets d'anchois, séchez-les et hachez-les très finement. Lavez le persil, séchez-le, retirez-les feuilles des tiges et hachez-les finement.

3 Écrasez les jaunes à la fourchette et mélangez-les soigneusement à la mayonnaise aux anchois et au persil. Assaisonnez le mélange avec du sel et du poivre.

4 Lavez les feuilles de salade, essorez-les et répartissez-les sur un plat. Lavez et coupez les radis en deux. Coupez les cornichons en éventail.

5 Mettez le mélange aux œufs dans une poche à douille avec un embout étoilé et remplissez les demi-œufs de cette préparation. Garnissez les œufs avec une câpre, placez-les sur des feuilles de salade et dressez-les avec les radis et les cornichons en éventail.

Variante

La farce peut être modifiée à souhait. Les filets d'anchois peuvent être remplacés par du thon finement haché ou de très petits dés de jambon. Vous pouvez aussi assaisonner les jaunes d'œufs et la mayonnaise avec du paprika ou du curry.

Index des recettes